AF309016

FACULTÉ DE DROIT DE CAEN

ACTE PUBLIC POUR LA LICENCE

DES OBLIGATIONS DE L'USUFRUITIER

THÈSE

SOUTENUE PUBLIQUEMENT, LE JEUDI 23 JANVIER 1860

à 3 heures du soir

DANS LA GRANDE SALLE DE LA FACULTÉ DE DROIT

PAR

Arthur LE ROY,

Né à Caen (Calvados).

CAEN

IMPRIMERIE ADMINISTRATIVE DE B. DE LAPORTE

Rue au Canu, 5.

1860

SUFFRAGANTS :

MM. BAYEUX,   professeur.
    BERTAULD,   id.,   président.
    TRÉBUTIEN,   id.
    CAREL,   agrégé.

DROIT FRANÇAIS.

DES OBLIGATIONS DE L'USUFRUITIER

(Code civil, liv. II, tit. iii, section 2, art. 600 à 617.)

L'usufruitier doit remplir certaines obligations :

1° Avant son entrée en jouissance;

2° Pendant l'existence de son droit;

3° A l'extinction de son usufruit.

Telles sont les trois périodes que nous examinerons en autant de chapitres.

CHAPITRE PREMIER

Des Obligations de l'usufruitier avant d'entrer en jouissance.

Il résulte des art. 600, 601, 610, 611 et 612, que l'usufruitier est tenu, au moment où s'ouvre son droit :

1° De faire dresser un inventaire des meubles et un état des immeubles ;

2° De donner caution de jouir en bon père de famille ;

3° De contribuer aux dettes et charges qui peuvent grever les biens soumis au droit d'usufruit.

SECTION I.

DE L'INVENTAIRE ET DE L'ÉTAT.

Art. 600 : « L'usufruitier prend les choses dans « l'état où elles sont ; mais il ne peut entrer en « jouissance qu'après avoir fait dresser, en présence « du propriétaire, ou lui dûment appelé, un inven-« taire des meubles et un état des immeubles sujets à « l'usufruit. »

La loi place cette formalité au premier rang des devoirs ; pour savoir, en effet, ce que l'usufruitier devra rendre, à la fin de l'usufruit, il faut consta-ter ce qu'il a reçu, au moment où son droit a été ou-vert.

L'*inventaire* est un écrit énumératif et descriptif des meubles sujets à l'usufruit. Il est même quelque-fois estimatif : ainsi, ce sont des marchandises con-stituant un fonds de commerce, des denrées, des in-struments aratoires, des animaux faisant partie du domaine, qui sont soumis à l'usufruit ; il sera utile, dans ce cas, d'estimer ces choses dans l'inventaire, afin que le propriétaire connaisse la valeur dont l'usufruitier serait responsable, s'il ne représentait

pas les meubles en nature, à la fin de son usufruit.

L'*état* est un écrit descriptif de la situation dans
laquelle sont les immeubles.

L'inventaire et l'état sont faits, ordinairement, en
présence du propriétaire, par le ministère d'un no-
taire.

Cependant, quand le nu propriétaire et l'usufruitier sont majeurs, capables, d'accord entre eux,
il n'y a pas d'obstacle à ce qu'ils soient faits par un
acte sous-seing privé.

Qui en supportera les frais?

L'usufruitier ne peut entrer en jouissance, porte
l'art. 600, qu'*après avoir fait dresser un inventaire
des meubles et un état des immeubles sujets à l'usufruit*; il est donc tenu de faire dresser ces actes,
comme charge de sa jouissance; par conséquent, il
doit en supporter seul les frais.

Cependant, nous pensons que ces frais devraient
être prélevés sur les biens grevés d'usufruit, si l'héritier acceptait bénéficiairement la succession, parce
qu'il profiterait lui-même de l'opération.

L'usufruitier qui se met en jouissance des biens
sujets à son usufruit, avant d'avoir fait dresser un
inventaire des meubles et un état des immeubles, est-
il privé des fruits produits par les biens?

Il faudrait répondre négativement, si l'usufruitier
s'était mis en possession du consentement du nu
propriétaire majeur, et ayant la libre administration
de ses biens; ce dernier l'a dispensé de l'inventaire.

parce que probablement, il avait confiance en la
bonne administration de l'usufruitier, qu'il s'en rap-
portait à sa bonne foi, et l'a rendu ainsi le juste propriétaire des fruits et des revenus de la chose possé-
dée. Tous les auteurs sont d'accord sur ce point.

Mais ils sont divisés sur le point de savoir si le défaut d'inventaire ou d'état des lieux, enlève à l'usufruitier son droit aux fruits, quand il est entré en
jouissance sans l'autorisation du nu-propriétaire.

Les uns (1) soutiennent que l'usufruitier doit restituer les fruits, en se fondant sur les art. 578 et 600
du Cod. Nap. Aux termes de l'art. 578, l'usufruit est
le droit de jouir des choses dont un autre a la propriété, comme le propriétaire lui-même, *mais à la
charge d'en conserver la substance ;* c'est pour assurer
cette conservation, que l'art. 600 dispose que l'usufruitier ne peut entrer en jouissance qu'après avoir
fait dresser, en présence du propriétaire, ou lui dûment appelé, un inventaire des meubles et un état
des immeubles sujets à l'usufruit. Cette disposition
de la loi est conçue en termes prohibitifs. Or, la
peine de nullité est sous-entendue dans les lois pro-
hibitives, comme cela résultait des lois romaines.
Donc, l'usufruitier qui n'a pas rempli l'obligation
prescrite par la loi, n'a pu jouir en sa qualité d'usufruitier ; il doit rester dans un état de privation, jusqu'à l'exécution de cette mesure, quand il n'en aura
pas été dispensé.

C'est en ce sens que s'est prononcée deux fois

____

(1) Proudhon, t. ii, nᵒˢ 793-798 ; Zachariæ, t. ii, p. 128, § 307.

la Cour de Toulouse, l'une en 1820, l'autre en 1829 (1).

Les autres (2) laissent les fruits à l'usufruitier qui n'a pas fait d'inventaire, d'après les principes de l'usufruit, et d'après la raison, l'équité. En principe, l'usufruitier a droit aux fruits, du jour où l'usufruit est ouvert en sa faveur; cela résulte expressément des art. 578 à 585 et de l'art. 604 du Cod. Nap..

La disposition de l'art. 600 portant que l'usufruitier ne peut entrer en jouissance qu'après avoir fait dresser l'inventaire et l'état des immeubles sujets à l'usufruit, n'est que le développement de la règle que l'usufruitier prend les choses dans l'état où elles sont : il doit prendre cette mesure autant dans son propre intérêt que dans celui du nu-propriétaire, afin de connaître l'état des choses et de les laisser de même; car, sans elle, il serait censé avoir reçu les biens en bon état, quoiqu'ils ne le fussent pas au moment où son droit s'est ouvert. L'art. 600 est complétement étranger à la question de savoir à quelle époque l'usufruitier a droit aux fruits ; la défense qu'il porte d'entrer en jouissance avant d'avoir rempli les formalités prescrites, ne peut s'entendre que d'une défense de prendre la possession réelle où l'administration des choses sujettes à l'usufruit.

Le retard de donner caution n'empêche pas l'usu-

____

(1) Dev. 1820. 2. 132 ; 1830. 2. 230.

(2) MM. Demolombe, t. x, nᵒ 470 ; Duranton. t. iv, nᵒ 593 ; Marcadé, art. 600, nᵒ 2.

fruitier d'avoir droit aux fruits du jour où l'usufruit est ouvert (art. 604). Pourquoi en serait-il autrement pour le défaut d'inventaire ou d'état? On dira peut-être que les dispositions de l'art. 600 et de l'art. 604 sont opposées l'une à l'autre, parce que le retard de donner caution n'est pas souvent imputable à l'usu-fruitier à cause de la difficulté qu'il peut avoir de trouver une caution, tandis qu'il est toujours en son pouvoir de faire aussitôt dresser l'inventaire des meubles et l'état des immeubles.

Mais est-ce qu'il n'y aura pas toujours un certain intervalle pendant lequel l'usufruitier sera privé des fruits, quelque diligence qu'il mette à faire inven-taire? Cette opération est souvent assez longue. Ce retard, qui ne peut être attribué à aucune faute de l'usufruitier, aurait donc pour résultat d'attribuer les fruits au nu-propriétaire. Ce serait une injustice sans exemple.

L'art. 617 qui énonce les causes faisant cesser l'u-sufruit, n'y comprend pas la non-confection de l'in-ventaire ou de l'état des lieux. Or, les peines ne se suppléent pas ; l'usufruitier ne doit donc pas être puni de cette omission. Le seul effet qui puisse ré-sulter contre l'usufruitier du retard apporté par lui à faire dresser l'inventaire du mobilier et l'état des immeubles ordonnés par la loi, sera que le nu pro-priétaire pourra obtenir du juge la faculté de pren-dre l'administration des objets grevés de l'usufruit, jusqu'à ce que l'usufruitier se soit conformé à la loi ; mais aussitôt après l'accomplissement des formalités, tous les fruits perçus directement par le nu propriétaire devront être restitués par lui à l'usufruitier.

Si, d'ailleurs, on veut absolument donner une sanction à l'art. 600, est-ce que le nu propriétaire ne pourra pas provoquer l'inventaire, faire fixer un délai à l'usufruitier pour y faire procéder, et demander qu'à défaut par lui de le faire, les biens soient mis en séquestre, comme dans le cas du défaut de caution, et le faire condamner à des dommages-intérêts, s'il a commis des malversations ou des détournements? Nous croyons que le but du législateur serait ainsi rempli. C'est, du reste, cette opinion qui a prévalu dans la jurisprudence (1).

Le légataire de l'usufruit peut-il être dispensé par le testateur de faire dresser l'inventaire des meubles et l'état des immeubles?

Cette question présente plusieurs distinctions dans la doctrine et la jurisprudence.

On admet généralement que cette dispense est sans effet, quand il y a des héritiers à réserve; car l'usufruit légué pouvant être supérieur à la quotité disponible, le droit de jouir sans inventaire pourrait porter atteinte à la réserve et dès lors à la loi, le moyen de l'apprécier étant la constatation de la succession au moment de son ouverture. (Art. 913, 921 et suiv.)

Dans l'hypothèse contraire, c'est-à-dire quand il

_____

(1) Dev. 1825-2-298 ; 1836-2-183 ; 1838-2-289 ; 1842-2-473 ; 1858-1-458.

n'y a pas d'héritier réservataire, pour soutenir que le disposant ne peut dispenser son légataire de faire inventaire, on se fonde sur la généralité des termes de l'art. 600 et sur la restriction que présente l'art. 601. Le premier impose à tous les usufruitiers l'obligation de faire faire inventaire, tandis que le second n'oblige l'usufruitier à donner caution que s'il n'en est pas dispensé par l'acte constitutif d'usufruit. Assurément, dit-on, les rédacteurs du Code auraient fait une pareille restriction à l'art. 600, s'ils avaient voulu autoriser la dispense de faire inventaire.

Mais cette différence s'explique historiquement : d'après la loi 7, Cod., *ut in posses. legat.*, le testateur ne pouvait dispenser l'usufruitier de fournir caution, tandis qu'il avait la faculté de lui faire remise de l'inventaire. (L. 1, § 4, ff. *quemadm. usufruct. cav.*) Voilà pourquoi les législateurs français, pour déroger à la première loi, ont rédigé une disposition expresse pour autoriser la remise de la caution, et pour lever les doutes qui existaient sur ce point dans l'ancienne jurisprudence.

On peut alors conclure de là que le testateur est encore libre de dispenser l'usufruitier de l'inventaire, puisqu'aucun texte du Code Nap. n'a fait d'innovation à cet égard.

Mais pourrait-on aller jusqu'à dire que cette dispense aurait pour effet d'empêcher les héritiers d'obliger l'usufruitier à concourir à l'inventaire qu'ils feraient dresser eux-mêmes, à leurs frais, pour déterminer les restitutions qu'il devra faire à la fin de l'usufruit?

Nous ne le pensons pas. Le testateur, en effet, ne peut pas priver l'héritier du droit de demander un inventaire à ses frais, droit que celui-ci ne tient pas de lui, mais de la loi. Comment l'héritier exercerait-il le droit qu'il a de n'accepter la succession que sous bénéfice d'inventaire, et prévenir ainsi sa ruine en examinant préalablement les forces de l'hérédité? Le testateur a laissé à son héritier la nue propriété de la chose dont il a légué l'usufruit. Or, la loi veut que tout individu ait la libre disposition de ce qui lui appartient; elle a consacré ce principe dans l'art. 537. Comment donc ne pas accorder à l'héritier la faculté de faire reconnaître, par un inventaire, en quoi consiste l'hérédité qui lui est dévolue? Cette mesure ne sera-t-elle pas, à la fin de l'usufruit, la meilleure preuve pour établir de la manière la plus sûre, la plus naturelle et la moins coûteuse, le montant des biens à restituer? Par quelles autres serait-elle remplacée? Par la preuve testimoniale, par la voie de commune renommée, genre de preuves arbitraires et incertaines qui entraîneront des frais, des contestations, des procès? Tel n'a pas dû être l'esprit de la loi, puisqu'elle a prescrit l'inventaire comme une condition sans laquelle l'usufruitier ne peut entrer en jouissance.

Quel intérêt l'usufruitier peut-il avoir à s'opposer à l'inventaire? Aucun; car il n'en supporte pas les frais, et aucune restriction ne sera apportée à ses droits. Ce n'est que par caprice ou par esprit de vexation qu'il s'y refuse. Or, *malitiis non est indulgendum*, surtout quand il s'agit de faire opposition au droit acquis aux héritiers en vertu de la loi. La clause par laquelle un testateur dispense l'usufruitier de l'obligation de faire inventaire, n'a donc d'autre effet que d'affranchir l'usufruitier de remplir *lui-même* cette formalité ; elle ne prive pas les héritiers du droit de faire procéder eux-mêmes, et *à leurs frais*, à l'inventaire de la succession. C'est ainsi que plusieurs cours ont jugé la question (1).

SECTION II.

DE LA CAUTION.

A Rome, il parut équitable au préteur de garantir au nu-propriétaire la conservation et la restitution de sa chose contre une jouissance abusive dont la durée était indéterminée : l'usufruitier fut tenu de fournir caution (L. 1, ff., *usufruct. quemadm. caveat.* — L. 13, ff., *de usufructu.* Loi 4, C. *eod. tit.*)

L'art. 601 du Code civil a consacré ce principe :

« Il (l'usufruitier) donne caution de jouir en bon
« père de famille, s'il n'en est dispensé par l'acte
« constitutif de l'usufruit ; cependant, les père et mère
« ayant l'usufruit légal du bien de leurs enfants, le

____

(1) S. 1806-2-3 ; 1807-2-647 ; 1812-2-145 ; 1813-2-46. S. V. 1832-2-322; 1856, 2-328 et la note.

« vendeur ou le donateur, sous réserve d'usufruit, ne
« sont pas tenus de donner caution. »

La définition de la caution est fournie par l'art.
2011 : c'est une personne solvable qui s'oblige à payer
toutes les sommes dont l'usufruitier se trouvera constitué débiteur envers le propriétaire.

Sur ce sujet, il importe d'examiner :

1° A qui la caution est due, quand est-elle exigée,
quelle est son étendue ?

2° Quels usufruitiers sont dispensés de fournir caution ?

3° Ce qui a lieu lorsque l'usufruitier ne trouve pas
caution ?

4° Quel effet produit le retard de fournir caution ?

§ I.

A qui la caution est-elle due, à quel moment est-elle exigée, quelle
doit-être son étendue ?

La caution est due au nu-propriétaire, et, s'il y en
a plusieurs, à chacun des nu-propriétaires pour la
part qu'il a dans la succession, parce qu'elle est exigée
pour assurer les droits de toutes les parties intéres-
sées à la conservation de la chose.

L'usufruitier ne peut exiger la délivrance des choses soumises à son usufruit qu'après avoir fourni caution, à moins qu'il ne soit dans le cas d'une des exceptions que nous examinerons bientôt.

Quid, si le nu-propriétaire avait délivré à l'usufruitier les biens soumis à son droit d'usufruit, avant
que la caution eût été fournie ?

Il serait encore recevable à l'exiger tant qu'il n'y aurait pas personnellement renoncé : de ce qu'il n'a pas exigé la caution, on ne peut induire qu'il a renoncé à son droit; il a seulement consenti à en différer l'exécution.

Quelle est l'étendue de l'obligation de la caution?

En garantissant que l'usufruitier jouira en bon père de famille, elle répond des fautes résultant soit de sa négligence, soit de ses abus, et elle s'oblige, en outre, à faire reproduire, à la fin de l'usufruit, la valeur des choses fongibles, des remboursements de créances, etc. Le montant du cautionnement se mesurera sur la valeur totale des biens meubles, parce qu'ils pourraient être détournés par l'usufruitier; mais pour les immeubles, il sera proportionné à l'importance des détériorations qu'ils pourront subir par la faute de l'usufruitier, eu égard à leur nature et à leur destination.

§ II.

Quels sont les usufruitiers dispensés de fournir caution ?

L'art. 601 apporte trois exceptions à la règle que tout usufruitier doit fournir caution. En sont dispensés :

1° Ceux qui l'ont été par l'acte constitutif d'usufruit;

2° Les père et mère ayant l'usufruit légal du bien de leurs enfants;

3° Le vendeur ou le donateur sous réserve d'usufruit.

Première exception. — Il est naturel que le testateur qui aurait pu léguer la pleine propriété, puisse, *a fortiori,* léguer l'usufruit avec dispense de fournir caution : la règle *qui peut le plus, peut le moins,* reçoit ici une juste application. Toutefois, il n'a ce droit que dans le cas où il aurait pu disposer de la pleine propriété au profit de l'usufruitier, sans porter atteinte à la réserve de ses héritiers ; si la réserve était compromise, la dispense de donner caution devrait être annulée.

La dispense pour l'usufruitier de donner caution n'a pas besoin d'être exprimée en termes exprès ; elle peut être tacite, s'induire de certaines stipulations de l'acte : par exemple, de celle portant que l'usufruitier aura le droit d'administrer comme il le jugera à propos, sans pouvoir être inquiété, sous prétexte de dégradations, ou résulter de la dispense de faire emploi du mobilier, ou d'une autre clause équivalente (1).

Deuxième exception. — L'obligation de fournir caution ne s'applique pas aux père et mère ayant l'usufruit légal du bien de leurs enfants, parce que ceux-ci doivent trouver une garantie suffisante dans l'affection de leurs parents.

La caution serait-elle due par les père et mère qui auraient, en vertu d'un testament ou d'une do-

____

(1) S. V. 1843-2-36 ; Proudhon, t. II, n° 823.

nation, l'usufruit d'un bien appartenant à leur enfant?

M. Delvincourt (1) dit non, par des motifs de con-
vénance : il serait, dit-il, contraire au respect que les
enfants doivent à leurs parents de leur donner le
droit de demander caution à ces derniers.

Cette raison n'est pas suffisante ; en s'attachant au
texte, on est forcé d'adopter l'opinion contraire. Que
porte l'art. 601 ? « Les père et mère ayant *l'usufruit
légal.* » Il ne faut donc pas qu'ils aient l'usufruit en
vertu d'une autre cause que la loi elle-même ; il est
impossible de refuser au mot *légal* le sens qu'il doit
avoir, et de traiter, dans ce cas, le père ou la mère
autrement qu'un usufruitier ordinaire. Il devrait
en être de même dans le cas où le père ou la mère
succède à son enfant, en concours avec des collaté-
raux : l'un ou l'autre sera obligé de donner caution
pour l'usufruit qu'il a, d'après l'art. 754 du Code
Nap., sur le tiers des biens attribués aux collaté-
raux. Car ces biens ne sont plus ceux de l'enfant ; le
père ou la mère est en présence d'étrangers ; il n'y a
aucune raison pour les dispenser du cautionnement :
l'exception de l'art. 601 ne leur est donc pas applicable. C'est ce que nous pensons avec d'éminents auteurs (2).

Troisième exception. — Enfin, le vendeur et le
donateur, sous réserve d'usufruit, sont dispensés de
fournir caution.

(1) T. I, p. 522, note 10.
(2) MM. Demolombe, t. x, n° 488 ; Mourlon, t. i, p. 751 ; Salviat, t. i,
p. 117.

Pourrait-il en être de même de l'acheteur ou du donataire de l'usufruit d'un bien dont le vendeur ou le donateur s'est réservé la nue propriété ?

Le texte est muet sur ce point ; il ne dispense de la caution que le vendeur ou le donateur de la nue propriété. Ce silence gardé sur l'acquéreur et le donataire de l'usufruit suffirait à lui seul pour faire conclure qu'ils rentrent dans la règle générale ; car on ne peut ajouter à la loi. Si l'on sonde les motifs qui ont dicté l'art. 601, on verra qu'ils viennent encore fortifier notre opinion.

Pourquoi le vendeur et le donateur, sous réserve d'usufruit, sont-ils dispensés de fournir caution ? Parce que la nue propriété étant l'objet direct du contrat, il n'y a pas déplacement de jouissance, ce n'est que par voie de conséquence que l'usufruit se trouve établi : il est alors naturel de supposer que le vendeur ou le donateur de la nue propriété entend rester comme il était. Le donataire ne pourrait exiger de caution sans injure ni sans une sorte d'ingratitude de sa part envers le donateur.

De plus, l'acheteur de la nue propriété savait de quelle manière le vendeur jouissait du bien dont il s'est réservé l'usufruit ; s'il n'a pas exigé de caution, c'est qu'assurément il trouvait une garantie suffisante dans les habitudes de ce dernier, que le passé lui répondait de l'avenir. D'ailleurs, s'il y a abus de la part de l'usufruitier dans sa jouissance, le nu propriétaire peut la faire cesser dans les cas déterminés par l'art. 618.

Est-ce que, par les mêmes motifs, on pourrait dispenser de la caution l'acheteur ou le donataire d'un usufruit? Ce n'est plus la nue propriété qui est l'objet direct du contrat, mais l'usufruit ; il y a déplacement de jouissance, tandis que la nue propriété reste où elle était. Le vendeur ou le donateur de l'usufruit ne peut savoir si son acquéreur ou son donataire jouira de son bien en bon père de famille, tandis que l'acquéreur ou le donataire de la nue propriété est en état d'apprécier l'administration du vendeur ou du donateur.

Delvincourt (1) et Proudhon (2) prétendent que le vendeur qui s'est réservé l'usufruit, n'est pas tenu de fournir un cautionnement, parce qu'en aliénant la nue propriété, il s'est simplement obligé à conserver le fonds par une jouissance exercée en bon père de famille ; si l'acte de vente a gardé le silence en ce qui concerne le cautionnement, c'est que les parties n'ont pas voulu s'y soumettre. Pareillement, disent ces auteurs, celui qui achète un droit d'usufruit ne s'oblige qu'à en payer le prix et à en jouir en bon père de famille ; du moment que l'obligation de fournir caution n'a pas été stipulée dans le contrat, il doit en être dispensé.

On ne peut admettre ce motif pour expliquer l'exception faite par l'art. 601 en faveur du vendeur sous réserve d'usufruit. Car il faudrait étendre la dispense de caution à tous les usufruits constitués

(1) T. I, p. 149, note 9.
(2) T. II, n° 830.

par des conventions entre-vifs, par des transactions, par des partages et même par donation, tandis que l'obligation de fournir caution est la règle générale à laquelle notre article n'apporte qu'une exception limitative. La dispense de donner caution n'est donc fondée que sur les deux motifs que nous avons indiqués.

Vainement objecterait-on l'art. 1602 du Cod. Nap., qui porte que tout pacte obscur ou ambigu s'interprète contre le vendeur. Car l'acte de vente ne renferme aucun pacte sur l'obligation de fournir caution : si les parties ne l'ont pas stipulé, c'est qu'elles ont cru que cette précaution était inutile, puisqu'elle est imposée par la loi, à tous les usufruitiers.

§ III.

Du cas où l'usufruitier ne trouve pas de caution.

L'usufruitier, qui ne trouverait pas une caution, pourrait-il offrir, à sa place, soit un gage, soit une hypothèque?

Trois systèmes sont en présence : l'un refuse à l'usufruitier d'offrir, en remplacement de la caution, un gage ou une hypothèque ; l'autre lui permet de donner un gage, mais non une hypothèque ; enfin le troisième les lui accorde tous les deux.

Premier système. — L'art. 601 exige de l'usufruitier une caution, sauf dans quelques cas qu'il détermine limitativement ; l'usufruitier ne peut donc, s'il n'est pas dans un de ces cas, se libérer de l'obligation de donner caution, par la prestation d'une autre chose. Il importe essentiellement au propriétaire qu'une caution lui soit fournie : car, étant intéressée à surveiller l'usufruitier, elle mettra un obstacle aux abus de jouissance de celui-ci. Les art. 602 et 603 ont indiqué des mesures spéciales de sûreté, *si l'usufruitier ne trouve pas de caution* : elles ne seraient jamais applicables, si l'usufruitier pouvait remplacer la caution par un gage ou par une hypothèque ! Tel est le système de Proudhon (1).

Deuxième système. — Il ne faut pas voir d'exception au droit commun dans les art. 602 et 603; l'usufruitier peut fournir une caution, d'après les règles générales du droit. Or, d'après l'art. 2041, celui qui est obligé à fournir une caution est reçu, s'il n'en peut trouver une, à donner, à sa place, un gage en nantissement suffisant; l'usufruitier peut donc invoquer cet article.

Mais les auteurs de ce système, MM. Ducaurroy, Bonnier et Roustaing (2), lui refusent la faculté d'offrir une hypothèque sur ses immeubles, parce que la caution donnant, de son côté, hypothèque sur ses immeubles, le nu propriétaire serait privé de cette double garantie.

Troisième système. — Ce dernier système, professé par la majorité des auteurs (3), et qui permet à

(1) T. ii, n° 846.
(2) T. ii, n° 196.
(3) Toullier, t. iii, n° 442 ; Duranton, t. iv, n° 603 ; Pigeau, *Proc.*, t. ii, p. 308; M. Troplong, *Caution.*, n° 592 ; M. Demolombe, t. x, n° 505 ; M. Mourlon, t. iii, p. 408 ; Marcadé, sur l'art. 602 ; S. V. 1851-2-330.

l'usufruitier de remplacer la caution par un gage ou une sûreté hypothécaire, est, selon nous, celui qui est le plus conforme à l'esprit de la loi. Car, quel est son but? c'est uniquement d'offrir au nu propriétaire une sauvegarde contre les abus de la jouissance de l'usufruitier.

Si l'usufruit repose sur des objets mobiliers, et que l'usufruitier consigne une somme égale à leur valeur, dans une caisse publique, est-ce que le propriétaire ne sera pas parfaitement garanti ? Bien souvent, il arrivera que l'usufruitier aura de la peine à trouver une caution : pourquoi le nu propriétaire l'empêcherait-il de faire la consignation qu'il lui propose? il doit, au contraire, dans ce cas, montrer plus de modération que de rigueur. L'art. 601 ne déroge pas à l'art. 2041 du Code Nap. Ce dernier se trouve dans le chapitre intitulé : *De la caution légale et de la caution judiciaire*. Or la caution que doit fournir l'usufruitier est une caution légale ; elle peut donc être remplacée, comme toute autre caution légale, par un gage en nantissement suffisant, remplacement autorisé par l'art. 2041, auquel il faut se reporter.

C'est ce que reconnaissent les partisans du second système; mais ils prétendent qu'on ne peut conclure de cet article que l'usufruitier soit reçu à donner une hypothèque à la place de la caution.

Nous ne pensons pas que les mots : *un gage en nantissement suffisant,* doivent être aussi strictement entendus.

Quand l'usufruitier ne trouve pas de caution, les sommes comprises dans l'usufruit doivent être placées ; est-ce que le plus sûr de tous les placements n'est pas le placement hypothécaire? Le nu propriétaire n'aurait donc pas plus de raison d'exclure l'usufruitier de fournir cette garantie sur ses propres immeubles, quand ils présentent une valeur satisfaisante, que de refuser la consignation de la somme égale à la valeur des objets mobiliers sur lequel repose l'usufruit.

Le nu propriétaire, dit-on, sera privé de l'obligation personnelle de la caution et de l'hypothèque sur ses propres immeubles.

Mais, pourvu qu'il ait une bonne et valable hypothèque sur les immeubles de l'usufruitier, il trouvera ainsi la garantie qu'il aurait trouvée dans les immeubles de la caution, et sera dans le même cas que s'il avait une caution dont la solvabilité serait assurée. *Plus cautionis in re est, quam in persona.* (L. 25, ff., *de regul. juris.*)

L'art. 167 du Code de procédure nous fournit une analogie décisive. Par lui, le demandeur étranger est dispensé de fournir la caution *judicatum solvi*, s'il justifie qu'il a, en France, des immeubles suffisants pour répondre de la somme qui doit être cautionnée. On voit donc qu'une hypothèque peut remplacer une caution ; par conséquent, on ne peut refuser aux tribunaux la latitude d'admettre ce mode de garantie, à défaut de celui imposé par l'art. 601.

Quel sera le sort de l'usufruitier, s'il ne trouve ni caution, ni gage, ni hypothèque?

Les art. 602 et 603 renferment, à cet égard, des dispositions qui concilient, eu égard aux différentes espèces de biens, l'intérêt de l'usufruitier avec la garantie qui est due au nu propriétaire.

Si l'usufruitier ne trouve pas de caution, les choses dont on ne peut faire usage sans les consommer, telles que les denrées ou les marchandises, sont vendues, et le prix en provenant est placé, ainsi que les autres sommes d'argent, pour que l'usufruitier jouisse des intérêts. — Le propriétaire peut exiger aussi que les meubles qui dépérissent par l'usage soient vendus, pour le prix en être placé, avec production d'intérêt pour l'usufruitier. Cependant celui-ci pourra demander, et les juges pourront ordonner, suivant les circonstances, qu'une partie des meubles nécessaires pour son usage lui soit délaissée, sous sa simple caution juratoire, et à la charge de les représenter à l'extinction de l'usufruit. »

Quant aux immeubles, ils sont donnés à bail ou confiés à un séquestre, c'est-à-dire à un gérant. L'usufruitier ne jouit plus par lui-même. Seulement, comme il eût été inique de le priver complétement de son droit, il recueille les loyers des maisons, le prix des fermages et les fruits des immeubles ; mais il devra payer au séquestre le salaire qui lui est dû.

Si le nu propriétaire et l'usufruitier ne s'accordaient pas sur le choix du gérant ou sur le placement des sommes, ce serait au tribunal d'en décider. (Art. 1955, Cod. Nap.)

§ IV.

Du retard à fournir caution.

Art. 604 : « Le retard de donner caution ne prive
« pas l'usufruitier des fruits auxquels il peut avoir
« droit ; ils lui sont dus du moment où l'usufruit
« a été ouvert. »

C'est là une innovation dans notre droit : à Rome,
l'usufruitier n'acquérait les fruits qu'après avoir
fourni caution ; car, ce n'est qu'à partir de ce moment qu'il pouvait se faire remettre la chose. Il en
était de même dans le droit coutumier, ainsi qu'on le
voit dans l'art. 218 de la coutume d'Orléans.

L'usufruitier peut donc, aujourd'hui, percevoir
les fruits avant d'avoir fourni caution.

Mais de quel jour le légataire de l'usufruit a-t-il
droit aux fruits? est-ce du jour du décès du testateur, ou du jour de sa demande en délivrance?

En d'autres termes, l'art. 604 fait-il exception à
l'art. 1014?

Nous ne le pensons pas. Voyons, en effet, ce que
porte l'art. 1014 :

« Tout legs pur et simple donne au légataire, du
« jour du décès du testateur, un droit à la chose
« léguée, droit transmissible à ses héritiers ou ayant-
« cause. Néanmoins, le légataire particulier ne pourra
« se mettre en possession de la chose léguée, ni
« en prétendre les fruits ou intérêts, qu'à compter

« du jour de sa demande en délivrance, formée sui-
« vant l'ordre établi par l'art. 1011, ou du jour au-
« quel cette délivrance lui aurait été volontairement
« consentie. »

Le légataire d'un usufruit n'est jamais qu'un légataire à titre particulier ; car la nue propriété étant
toujours séparée de ce legs, il ne rentre nullement
dans les définitions que donnent les art. 1003 et 1010
du Cod. Nap., du legs universel et du legs à titre
universel. Si la loi, dans les art. 610 à 612, parle de
légataires universels, de *légataires à titre universel,*
et de *légataires particuliers ,* c'est qu'elle n'a pas
trouvé d'expression plus propre pour distinguer les
différents legs d'usufruit qui portent , tantôt sur
l'universalité des biens, tantôt sur tous les immeubles ou tous les meubles, tantôt sur des objets déterminés.

Si le légataire usufruitier est un légataire à titre
particulier, il doit être assimilé à celui-ci : il n'aura
donc droit aux fruits qu'à compter du jour de sa demande en délivrance.

On objecte qu'il serait inconséquent de dire qu'un
légataire qui a la propriété de l'usufruit, dès le décès
du testateur, n'aura droit aux fruits qu'à partir de
la délivrance obtenue ou demandée. Car, dit-on,
qu'est-ce que l'usufruit, si ce n'est le droit aux
fruits? Il est impossible de refuser, pendant un certain temps, les fruits à l'usufruitier, quand il en a
la propriété dès le jour du décès du disposant (1).

____

(1) Merlin, *Rép.* t. xvi, v° *Legs*, p. 613 ; Toullier, t. iii, n° 423 ; Grenier,
t. i, n° 303 ; Salviat, p. 87 et 101 ; Dev. 1836-2-248.

Cet argument pèche par sa base ; car l'usufruit n'a pas seulement pour objet les fruits, mais encore le droit de jouir de la chose, *ipsum jus fruendi*, très-distinct des fruits eux-mêmes : l'usufruitier pourra le vendre, le donner, le transmettre comme il l'entendra ; mais il n'en recueillera pas encore les produits.

Les auteurs qui accordent les fruits à l'usufruitier, du jour du décès du testateur, font une seconde objection que voici : Dans l'art. 604, il s'agit de savoir à partir de quelle époque l'usufruitier a droit aux fruits, et l'art. 1014 examine quand un légataire particulier pourra prétendre aux fruits. Ces deux articles ont donc le même point à régler. Eh bien ! le premier porté que les fruits sont dus à l'usufruitier *du moment où l'usufruit a été ouvert*, tandis que le second déclare que le légataire particulier ne pourra prétendre aux fruits de la chose léguée *qu'à compter du jour de sa demande en délivrance*. L'un déroge donc à l'autre.

Il est impossible d'admettre que le but de l'art. 604 soit de décider à partir de quelle époque l'usufruitier a droit aux fruits. Il ne s'occupe que d'une question relative à l'obligation de fournir caution ; il fait seulement entendre que l'usufruitier en retard de fournir caution sera néanmoins traité comme l'usufruitier qui ne serait pas en retard. Peut-être les mots : *du moment où l'usufruit a été ouvert*, sont-ils trop absolus ; mais il est présumable que le rédacteur ne pensait qu'à l'usufruit en général, quand il a écrit cette disposition, qu'il n'a statué que sur le *plerumque fit,* sans songer au cas particulier d'un legs d'usufruit ; il faut donc se reporter à la disposition spéciale de l'art. 1014, au lieu d'y déroger. Car il serait bien extraordinaire, comme le remarque judicieusement M. Demolombe (1), « que le légataire de « l'usufruit eût, sous ce rapport, plus de droit que « le légataire même de la pleine propriété! »

SECTION III.

DE L'ACQUITTEMENT DES DETTES ET CHARGES QUI PEUVENT GREVER LES BIENS SOUMIS AU DROIT D'USUFRUIT, AU MOMENT OU IL S'OUVRE.

Les créanciers de la succession du testateur ont-ils une action directe et personnelle contre les légataires de l'usufruit de tout ou partie des biens ?

La Cour de Caen s'est prononcée implicitement pour l'affirmative dans un arrêt rendu le 30 juillet 1852. (*Jurisprudence de Caen*, t. xvi, p. 314.) Mais nous croyons que cette décision est contraire aux véritables principes.

L'art. 612 dit que l'usufruitier est tenu de contribuer aux dettes ; mais autre chose est la *contribution* et l'*obligation* aux dettes. La contribution aux dettes n'intéresse nullement les créanciers ; c'est une ques-

______

(1) T. x, nº 517.—*Sic,* Marcadé, art. 604 ; Delvincourt, t. ii, p. 580 ; Proudhon, t. i, nᵒˢ 394 et suiv. ; Duranton, t. iv, nº 520 ; Ducaur., Bon. et Roust., t. ii, nº 199 ; Demante, *Cours analyt.*, t. ii, nº 455 bis ; Mourlon. t. iᵉʳ, p. 749 ; Dev. 1841-2-161 ; 1844-2-492.

tion qui ne s'élèvera qu'entre le nu propriétaire et le légataire de l'usufruit. Ils n'auront pas d'action directe contre celui-ci, mais contre le nu propriétaire qui est, lui, obligé, parce qu'il représente le défunt *in universum jus*, tandis qu'il n'en est pas ainsi du légataire usufruitier, même universel. Les créanciers pourront bien faire saisir et vendre la pleine propriété des biens de la succession dont l'usufruit a été légué ; car ils doivent être payés même avant les légataires de la propriété ; mais ils ne seront pas recevables à diriger leurs actions contre l'usufruitier pour se faire payer sur ses propres biens. Ce n'est qu'en ce qui concerne le payement des intérêts, des arrérages, que les créanciers ont contre l'usufruitier le droit de poursuite personnelle, parce que ces dettes sont considérées comme charges des fruits.

Tel est le sentiment de MM. Demolombe (1), Aubry et Rau sur Zachariæ (2), Proudhon (3).

La Cour de Bordeaux a rendu aussi un arrêt dans ce sens, le 12 Mars 1840 (4).

Examinons donc comment le nu propriétaire et le légataire de l'usufruit vont contribuer aux dettes.

A cet égard, nous distinguerons deux hypothèses : 1° celle du légataire d'un usufruit particulier ; 2° l'hypothèse du légataire d'un usufruit universel ou à titre universel.

(1) T. x, n° 522.

(2) T. v, p. 380, note 16,

(3) T. ii, n⁰ˢ 475-477, et t. iv, n° 1892.

(4) Dev. 1840-2-297.

§ I.

Comment le légataire d'un usufruit particulier doit-il contribuer aux dettes ?

Art. 611 : « L'usufruitier à titre particulier n'est « pas tenu des dettes auxquelles le fonds est hypo- « théqué : s'il est forcé de les payer, il a son recours « contre le propriétaire, sauf ce qui est dit à l'art. « 1020, au titre *des donations entre-vifs et des testa-* « *ments.* »

Rien de plus juste que cette disposition : le légataire particulier de la propriété ne doit pas les dettes ; à plus forte raison, le légataire d'un usufruit particulier n'en est-il pas tenu. Celui-ci ne doit pas même les intérêts des dettes ; il ne les doit pas plus, aux dépens de sa jouissance, que le légataire particulier de la pleine propriété ne doit le capital de la dette aux dépens de sa propriété. Seulement, par suite de l'hypothèque qui donne au créancier le droit de suivre et de faire vendre l'immeuble, en quelques mains qu'il se trouve, l'usufruitier à titre particulier, s'il veut conserver la jouissance de l'immeuble, pourra être forcé de payer le créancier, sauf son recours contre le propriétaire. Voilà ce qu'indique assez clairement l'art. 611 ; mais comment faut-il entendre sa disposition finale : *sauf ce qui est dit à l'art. 1020, au titre des donations entre-vifs et des testaments?*

Il résulte de l'art. 1020 que si la chose léguée a été hypothéquée pour une dette, l'héritier n'est pas

tenu de la dégager, à moins qu'il n'ait été chargé de
le faire par une disposition expresse du testateur ;
c'est une conséquence du principe contenu dans
l'art. 1018, d'après lequel la chose léguée est déli-
vrée dans l'état où elle se trouve le jour du décès du
donateur. Il faut conclure de là que le légataire de
l'usufruit particulier, qui a été contraint de payer
les dettes auxquelles le fonds était hypothéqué, aura
son recours contre l'héritier, si le testateur a chargé
ce dernier, par une disposition spéciale, d'affranchir
la chose léguée des dettes hypothécaires qui la gre-
vaient.

§ II.

Comment le légataire d'un usufruit universel ou à titre universel doit-il contribuer aux dettes ?

Art. 610. : « Le legs fait par un testateur, d'une
« rente viagère ou pension alimentaire, doit être
« acquitté par le légataire universel de l'usufruit
« dans son intégrité, et par le légataire à titre uni-
« versel de l'usufruit dans la proportion de sa jouis-
« sance, sans aucune répétition de leur part. »

Les rentes viagères, les pensions alimentaires sont
regardées comme charges des fruits ; voilà pourquoi
le législateur a décidé que le légataire universel de
l'usufruit qui jouit de tous les fruits des biens com-
posant la succession, acquitterait la rente ou la pension en entier, et que le légataire à titre universel,
qui n'a qu'une quote-part de l'usufruit des biens de
la succession, acquitterait la pension ou la rente dans
la même proportion. Il a établi une juste corréla-

tion entre l'art. 588 et l'art. 610 du Cod. Nap., lorsqu'il décide dans l'un que les usufruitiers qui reçoivent les arrérages actifs ne sont *tenus à aucune restitution,* et dans l'autre qu'ils doivent payer les arrérages passifs, *sans aucune répétition de leur part* contre le nu propriétaire.

Quelles sont les obligations de l'usufruitier universel ou à titre universel et du nu propriétaire héritier ou légataire, en ce qui concerne les dettes ordinaires de la succession?

Cette question était résolue très-diversement dans l'ancien droit. Lebrun pensait que l'évaluation de l'usufruit devait varier suivant l'âge, la santé de l'usufruitier (1).

La coutume de Bretagne estimait l'usufruit à la moitié de la valeur du fonds, et la contribution devait se faire sur ce pied.

D'Argentré, pensant qu'il fallait prendre en considération la valeur des biens, proposa de commencer par vendre les biens jusqu'à concurrence des dettes et ne laisser à l'usufruitier que la jouissance du restant (2).

C'est ce dernier mode qui a été, avec raison, adopté par l'art. 612, mais avec quelque modification.

Cet article propose trois moyens pour régler entre l'usufruitier et le nu propriétaire le mode de payement des dettes. Supposons qu'un testateur qui-

____

(1) *Des Successions,* liv. I, chap. 5, sect. III, nº 21.

(2) Sur l'art. 218 de la Cout. de Bretagne, gloss. 8, nᵒˢ 16, 17.

laisse 50,000 fr. d'actif et 10,000 fr. de passif, a légué à Pierre l'usufruit universel de sa succession. En réalité, le patrimoine n'est que de 40,000 fr.; car il faut déduire les dettes, *bona intelliguntur cujusque quæ deducto ære alieno supersunt* (1). L'usufruitier ne pourra donc jouir que de 40,000 fr., et il aura le droit, pour le payement des 10,000 fr. de dettes, de prendre l'un des trois partis suivants :

1° Il pourra avancer les 10,000 fr. et conserver la jouissance des 50,000 fr.; mais ce capital ne lui sera restitué par le propriétaire qu'à la fin de l'usufruit, et sans aucun intérêt; il n'aura donc eu l'intérêt que de 40,000 fr.;

2° Si l'usufruitier refuse de faire l'avance des 10,000 fr., le propriétaire pourra lui-même payer cette somme au créancier; dans ce cas, l'usufruitier tiendra compte de l'intérêt des 10,000 fr., il ne gardera alors que l'intérêt des 40,000 fr.;

3° Enfin, en cas de refus de l'usufruitier d'avancer les 10,000 fr., le propriétaire aura encore la faculté, s'il ne veut pas payer les dettes de ses propres deniers, de faire vendre jusqu'à concurrence une portion des biens soumis à l'usufruit. Il est évident que, les 10,000 fr. de passif acquittés, il n'y aura encore que 40,000 fr. d'affectés à la jouissance de l'usufruitier.

Il est à noter que ce n'est pas seulement au payement des dettes du défunt que le légataire uni-

____

(1) L. 39, § 1, f. f., de *verb. signif.*

versel ou à titre universel de l'usufruit doit contribuer. L'art. 612 n'est pas limitatif; il doit s'appliquer également aux autres charges de la succession,
telles que les legs particuliers, les frais de scellés et
d'inventaire, les frais funéraires. Ces charges sont
supportées par les légataires universels ou à titre
universel de la propriété; pourquoi ne seraient-elles
pas supportées aussi par le légataire de l'usufruit
universel ou à titre universel dans la proportion de
sa jouissance? Est-ce que, pour les rentes et les
charges ordinaires, le légataire universel en usufruit ne devrait pas également, pendant la durée de
son droit, servir sans répétition les arrérages des
diverses rentes, ainsi que les intérêts de sommes
dues, et le légataire à titre universel faire ce service
en proportion de sa jouissance? L'affirmative ne
saurait être douteuse. Au besoin, les art. 385, 608,
609 et 1409 viendraient à l'appui de cette décision.
Ces charges et intérêts sont, en effet, une charge
de l'universalité des revenus des biens dont jouit le
légataire universel en usufruit.

CHAPITRE II.

Des obligations de l'usufruitier pendant la durée de l'usufruit.

L'usufruitier est tenu, pendant sa jouissance :

1° De veiller à la garde et à la conservation de la chose sujette à l'usufruit (art. 614) ;

2° D'entretenir les biens soumis à son usufruit (art. 605) ;

3° De payer seul toutes les charges annuelles de l'héritage (art. 608) ;

4° De contribuer avec le nu propriétaire au payement des charges accidentelles (art. 609).

SECTION I.

DE L'OBLIGATION POUR L'USUFRUITIER DE VEILLER A LA GARDE ET A LA CONSERVATION DES BIENS SUJETS A L'USUFRUIT.

Des principes que l'usufruitier doit jouir en bon père de famille, et qu'il prend les choses dans l'état où elles sont, naissent plusieurs conséquences : ainsi, l'usufruitier ne peut convertir une maison en hôtel, un jardin en une cour, ni faire deux appartements d'un, ni en réunir deux en un seul, ni laisser en friche des fonds qui sont de nature à être cultivés.

Excolere quod invenit potest qualitate non immutata.
(Loi 13, § 7, *de usufructu.*)

L'art. 614 porte : « Si, pendant la durée de l'u-
« sufruit, un tiers commet quelque usurpation sur
« le fonds, ou attente autrement aux droits du pro-
« priétaire, l'usufruitier est tenu de le dénoncer à
« celui-ci ; faute de ce, il est responsable de tout le
« dommage qui peut en résulter pour le proprié-
« taire, comme il le serait de dégradations com-
« mises par lui-même. »

Comme le nu propriétaire ne peut le plus souvent
surveiller sa chose, la négligence de l'usufruitier lui de-
viendrait funeste : si un tiers commettait quelque
usurpation sur le fonds, cette usurpation pourrait
produire la prescription, et le propriétaire se trouverait ainsi dépouillé d'une partie de sa chose. Aussi,
exige-t-on de l'usufruitier qu'il en informe le propriétaire, à la charge d'être responsable du dommage
qui en résulterait pour celui-ci.

SECTION II.

DE L'OBLIGATION POUR L'USUFRUITIER D'ENTRETENIR LES BIENS SOUMIS A SON USUFRUIT.

« L'usufruitier n'est tenu qu'aux réparations d'en-
« tretien.

« Les grosses réparations demeurent à la charge
« du propriétaire, à moins qu'elles n'aient été occa-
« sionnées par le défaut de réparations d'entretien.

« depuis l'ouverture de l'usufruit ; auquel cas l'usu-
« fruitier en est aussi tenu. »

Telle est la disposition de l'art. 605. Elle repose sur la nature même des choses. Car les réparations d'entretien ont une durée limitée et n'excèdent
pas ordinairement la mesure des revenus , tandis
que les grosses réparations sont accidentelles , ont
une grande durée, et sont souvent très-onéreuses.
Il est donc naturel que l'usufruitier soit tenu des premières avec les fruits qu'il recueille, et que les autres restent à la charge du propriétaire.

A partir de quelle époque l'usufruitier est-il tenu
des réparations d'entretien ?

Si les grosses réparations demeurent à la charge
de l'usufruitier, lorsqu'elles ont été occasionnées par
le défaut de réparations d'entretien *depuis l'ouverture de l'usufruit* , il faut en conclure qu'il est tenu
des réparations d'entretien depuis cette époque.

Mais de quelle ouverture s'agit-il ? Est-ce de l'ouverture de *droit* ou de l'ouverture de *fait* ? Nous sommes portés à croire que c'est de l'ouverture de droit,
c'est-à-dire que l'usufruitier est tenu des réparations d'entretien du jour où son droit d'usufruit lui
est légalement acquis, parce que, percevant les fruits
dès ce jour, ses droits et ses obligations doivent commencer en même temps.

Quelles sont les réparations d'entretien ? Ce sont
toutes celles qui n'ont pas le caractère de grosses réparations, dit l'art. 605.

Quelles sont donc les grosses réparations ? Elles

sont indiquées par ce même article : « *Les grosses*
« *réparations sont celles des gros murs et des voûtes,*
« *le rétablissement des poutres et des couvertures en-*
« *tières ; celui des digues et des murs de soutènement*
« *et de clôture aussi en entier. Toutes les autres répa-*
« *rations sont d'entretien.* »

On nomme *gros murs*, les murs principaux sur
lesquels porte tout le bâtiment ; il ne faut pas regar-
der comme gros murs les murs de cloison séparant
les appartements.

Nous allons aborder maintenant une grande question classique, une des plus importantes de la matière, qui a donné carrière à de longues controverses,
et partage encore aujourd'hui les opinions des plus
éminents jurisconsultes. Elle se divise en deux, dont
l'une n'est que la contre-partie de l'autre :

1° Le nu propriétaire peut-il contraindre l'usufruitier à faire les réparations d'entretien ?

2° L'usufruitier peut-il contraindre le nu propriétaire à faire les grosses réparations ?

Reprenons séparément chacune de ces questions.

I. — Nous croyons que, pour répondre à la première, on devra examiner si la cause des réparations
d'entretien est antérieure ou postérieure à l'ouverture du droit de l'usufruitier.

1° Dans le premier cas, le nu propriétaire ne
pourra pas contraindre l'usufruitier à faire les réparations : l'art. 600 porte que l'usufruitier prend les

choses dans l'état où elles sont ; s'il y faisait quelque travail, il les améliorerait, et ce devoir ne lui
est nullement imposé par la loi.

MM. Proudhon et Mourlon (1) résolvent la question par une distinction. Selon ces auteurs, l'usufruitier est tenu des réparations d'entretien qui sont
à faire, lors de son entrée en jouissance, si elles sont
urgentes et telles qu'on ne puisse les négliger sans
péril pour la conservation de la chose ; au contraire,
il ne peut être forcé de les faire, si elles ne doivent
pas s'aggraver et occasionner plus tard de grosses réparations. L'art. 605, disent-ils, exige de l'usufruitier qu'il fasse les grosses réparations lorsqu'elles ont
été occasionnées par le défaut de réparations d'entretien *depuis l'ouverture de son droit* ; l'usufruitier
doit donc faire les réparations d'entretien, si l'on
présume que le défaut de les faire occasionnerait la
nécessité de grosses réparations.

Est-ce que cet argument est bien sérieux ? Tel, assurément, n'est pas le sens de l'art. 605 ; l'usufruitier ne peut être obligé aux réparations d'entretien
avant que son droit soit ouvert, mais seulement à
celles qui résultent de sa jouissance. Autrement, il exis-
terait une contradiction inexplicable entre l'art. 600 et
l'art. 605 ! Si l'usufruitier faisait seul les réparations
d'entretien, dont la cause est antérieure à l'ouverture de son droit, il n'aurait aucune action en répétition à exercer contre le nu propriétaire, parce que
ces réparations devraient être considérées comme de

(1) T. IV, nos 1658 ; T. I, p. 757.

véritables améliorations, pour lesquelles l'art. 599 refuse à l'usufruitier toute indemnité.

2° Le nu propriétaire pourrait-il forcer l'usufruitier à faire les réparations d'entretien dont la cause est postérieure à l'ouverture de l'usufruit ?

Un arrêt de la Cour d'Amiens, rendu le 1er juin 1822 (1), avait refusé ce droit au nu propriétaire, parce que l'usufruitier serait exposé à des vexations continuelles, et que le nu propriétaire n'a d'action, pendant l'usufruit, que dans le cas de jouissance abusive prévue par l'art. 618.

Mais cet arrêt, aussi contraire aux textes qu'aux véritables principes, fut cassé en 1825 (2). Aux termes de l'art. 605, l'usufruitier est *tenu* aux réparations d'entretien; toute obligation engendre une action pour son accomplissement. Le nu propriétaire a un intérêt né et actuel à ce que les réparations d'entretien soient faites sans délai, afin de conserver la substance de la chose; il peut, dès lors, contraindre l'usufruitier à les faire au moment où elles sont reconnues nécessaires. L'usufruitier, a-t-on dit, serait exposé à des vexations continuelles ! Est-ce qu'user d'un droit légitime peut constituer une vexation? Si, d'ailleurs, le propriétaire formait des demandes injustes, les tribunaux sont toujours là pour reconnaître si elles ont ce caractère ou si elles sont légitimes. L'art. 618, qui permet au nu propriétaire de demander la cessation de l'usufruit,

(1) S. 1823-2-349.
(2) S. 1825-1-427 ; 1832-2-10.

lorsque l'usufruitier dégrade les biens ou les laisse périr, a pour objet spécial de punir la mauvaise foi ou la négligence de celui-ci ; il n'exclut pas le droit commun d'exiger les réparations durant l'usufruit au fur et à mesure qu'elles sont nécessaires. Le nu propriétaire serait condamné à souffrir le dépérissement de ses biens, sans autre moyen de s'en garantir que par la demande de la cessation de l'usufruit, lorsque sa ruine sera consommée ! Il est impossible d'admettre une doctrine si contraire au principe qui autorise tout propriétaire à conserver et à défendre en justice ce qui lui appartient, principe qui a toujours été respecté dans le droit écrit et dans le droit coutumier (1).

II. — L'usufruitier peut-il contraindre le nu propriétaire à faire les grosses réparations?

Pour soutenir l'affirmative, on invoque les raisons suivantes :

1° Les expressions de l'art. 605, *les grosses réparations demeurent à la charge du propriétaire*, indiquent que celui-ci est *tenu* de les faire. Car elles ne seraient pas plus à sa charge qu'à celle de l'usufruitier, si l'un ni l'autre n'était obligé de les faire. Ces mots *à la charge* se retrouvent dans plusieurs autres articles du Code Nap. avec le sens de faire ou de payer, notamment dans les art. 664, 682, 351 ;

---

(1) Loi 7, § 2 et 3, Loi 13, § 2, loi 66, f. f., *de Usufructu et quemadmod. quis utatur fruatur.*—Pothier, *du Douaire*, n° 237 ; Ferrières, sur l'art. 462 de Cout. de Paris ; Bourjon, 1ʳᵉ partie, p. 731 et suiv.

pourquoi auraient-ils un sens différent dans l'article 605 ?

2° L'art. 607, qui affranchit le nu propriétaire de l'obligation de rebâtir ce qui est tombé de vétusté ou ce qui a été détruit par cas fortuit, serait d'une complète inutilité, si le sens de l'art. 605 était que le propriétaire ne sera tenu, en aucun cas, de faire les grosses réparations. Car si le propriétaire n'était tenu à aucune réparation pendant son usufruit, il est évident qu'il ne devrait pas rebâtir ce qui a été détruit complétement.

3° La chose grevée d'usufruit est une chose commune *sui generis*, puisqu'elle appartient au nu propriétaire pour sa propriété, et à l'usufruitier pour son usufruit. Or, chacun des copropriétaires est obligé de contribuer aux dépenses de conservation qu'exige la chose commune; elles doivent donc être supportées de même par le nu propriétaire et l'usufruitier proportionnellement au droit que chacun a dans la chose.

4° La raison, l'intérêt public et privé l'exigent ainsi : c'est une digue qui va s'écrouler et inonder le champ voisin. Est-ce que la loi laisserait arriver un pareil désastre, en refusant à l'usufruitier le moyen de le prévenir, si le propriétaire ne veut pas réparer sa propre chose ?

5° Cette doctrine était suivie dans l'ancien droit. Ainsi, la coutume de Normandie permettait aux douairières de contraindre les propriétaires des biens dont elles avaient la jouissance à faire les grosses réparations qui devenaient nécessaires pendant la durée de l'usufruit; c'est ce motif, entre autres, qui, dans une espèce portée devant la Cour de Caen, a fait décider que l'usufruitier peut contraindre le nu propriétaire à faire les grosses réparations (1).

Le système contraire retourne les mêmes arguments, et leur donne, selon nous, une bien plus grande force ; aussi est-ce lui que nous préférons.

1° L'art. 605 déclare que les grosses réparations *demeurent à la charge du propriétaire*. Assurément, le législateur aurait dit que le propriétaire sera tenu des grosses réparations, comme l'usufruitier est *tenu* des réparations d'entretien, s'il avait voulu accorder une action à l'usufruitier pour contraindre le propriétaire à faire les grosses réparations ; il a voulu dire par là seulement qu'elles sont facultatives : son but unique a été de dispenser l'usufruitier de faire les grosses réparations; car cet article se trouve placé dans la section intitulée : *des obligations de l'usufruitier*, tandis que s'il avait la signification d'une charge imposée au propriétaire en faveur de l'usufruitier, il aurait été placé dans la section qui traite *des droits de l'usufruitier*.

Aux termes de l'art. 600, l'usufruitier ne peut exiger les choses que dans l'état où elles se trouvent au moment de l'établissement de l'usufruit; il ne peut donc forcer le propriétaire à faire de grosses réparations à l'époque de l'ouverture de l'usufruit. A plus

____

(1) S. V. 1840-2-109. — *Sic*; Delvincourt, t. I, p. 524 ; Salviat, p. 169 ; Delaporte, *Pandect. fr.*, t. II, p. 467.

forte raison, ne pourra-t-il pas exiger celles qui deviendraient nécessaires pendant la durée de l'usufruit ; car les premières ne sont pas imputables à l'usufruitier, tandis que celles-ci seront le plus souvent nécessitées par son fait ou sa négligence.

2° L'art. 607, au lieu de favoriser l'autre système, lui est contraire. Car, s'il prévient le cas de perte par vétusté, c'est qu'il suppose que le nu propriétaire n'est pas forcé de faire les grosses réparations. Comment pourrait-il se faire qu'une maison tombe de vétusté, si elle est entretenue, si elle est en parfait état de réparations ? Jamais cela n'arrivera. Cet article montre donc clairement que le nu propriétaire n'est pas tenu de réparer, qu'il est libre de laisser tomber sa chose en ruines, attribut essentiel du droit de propriété.

3° Le droit d'usufruit est un droit qui affecte la chose elle-même, qui constitue un droit réel, une véritable servitude établie sur la chose d'autrui. De même que le propriétaire d'un fonds assujetti ne s'oblige pas à faire les travaux nécessaires à l'exercice de la servitude, mais seulement à souffrir qu'ils soient faits, de même le propriétaire, en supportant l'usufruit, ne s'oblige pas à faire jouir l'usufruitier, mais seulement à le laisser jouir : *servitutum non ea natura est ut aliquid faciat quis, sed ut aliquid patiatur* (1).

Le propriétaire doit se borner à ne pas apporter obstacle à l'usufruit, obligation simplement négative

____

(1) Loi 15, § 1, Dig. *de Servitutibus.*

énoncée dans l'art. 599 : « Le propriétaire ne peut
« par son fait, ni de quelque manière que ce soit,
« nuire aux droits de l'usufruitier. » Celui-ci ne peut
donc rien exiger de plus; car il n'y a pas un article
qui impose une obligation personnelle au nu propriétaire envers l'usufruitier ;

4° On dit que ce sera abuser de la position de l'u-
sufruitier de le forcer à faire ces réparations , pour
pouvoir continuer à jouir de la chose.

Mais rien ne l'oblige à garder son usufruit, il peut
l'abandonner, s'il y trouve plus d'avantage. Est-ce qu'il
sera dans une position plus fâcheuse que le nu propriétaire, qui sera peut-être contraint d'emprun-
ter, de vendre ses biens pour la réparation d'un bien
dont il ignore quand il jouira, et dont quelquefois il
ne jouira jamais ?

5° Quoique les partisans de la doctrine contraire
aient voulu s'appuyer sur les législations antérieures,
nous croyons que l'examen des principes du droit
romain et de l'ancien droit français, favorisera davan-
tage celle que nous suivons.

En droit romain , les textes démontrent que l'usufruitier n'avait aucune action pour contraindre le nu
propriétaire à faire les grosses réparations. La loi 65,
§ 1, au Digeste *de usufructu*, porte : « *Non magis heres*
« *reficere debet quod vetustate jam deterius factum reli-*
« *quisset testator, quam si proprietatem alicui testator*
« *legasset.*» Et Ulpien, dans la loi 7, § 2, au même titre,
consacre encore cette règle en ces termes : « *Si quæ*
« *tamen vetustate corruissent, neutrum cogi reficere.* »

Pothier décidait que la douairière pouvait faire condamner les héritiers de son mari à faire les grosses réparations, parce que « le mari ayant contracté « envers sa femme l'obligation de lui laisser, après « sa mort, sous certaines charges, la jouissance des « héritages qui doivent composer le douaire, à la- « quelle obligation l'héritier du mari succède, il ne « doit pas être permis à l'héritier du mari, ou autre « propriétaire desdits héritages, de contrevenir par « voie indirecte à cette obligation (1). »

D'autres jurisconsultes, tels que Duplessis et Prévot de la Janès (2), enseignaient que la douairière n'avait pas plus que tout autre usufruitier le droit de contraindre les héritiers de son mari à faire les grosses réparations.

Il importe peu de savoir lesquels avaient raison. cet examen [nous entraînerait hors de notre sujet. On voit seulement par là qu'il n'existait d'exception que pour la douairière. En effet, Pothier lui-même dit : « *qu'il est vrai que le droit d'usufruit, de même* « *que le droit de toutes les autres servitudes, n'o-* « *blige pas le propriétaire de l'héritage qui en est* « *chargé, à faire quelque chose; aussi,* dit-il, *ce n'est* « *pas du droit d'usufruit que naît l'action de la douai-* « *rière pour obliger l'héritier du mari à faire les ré-* « *parations; mais elle naît de l'obligation personnelle* « *que son mari a contractée envers elle en l'épou-* « *sant* (3). »

<hr>

(1) *Du Douaire*, nº 247.
(2) *Du Douaire*, ch. iii, sect. 4 ; *Principes de la Jurisprud. fr.*, nº 400.
(3) *Du Douaire*, nº 240.

L'usufruitier ordinaire n'avait donc pas d'action contre le nu propriétaire pour le forcer à faire les grosses réparations. Les rédacteurs du Code Nap. ont presque toujours suivi Pothier, ils ne s'en sont pas encore écartés ici ; car ils l'auraient fait d'une manière plus explicite, en rédigeant avec plus de soin les articles qui ont soulevé la controverse, et en donnant des détails sur les raisons qui les auraient conduits à adopter une solution si peu conforme au caractère de l'usufruit.

L'usufruitier qui a fait faire les grosses réparations a-t-il droit à une indemnité contre le propriétaire?

La Cour de Douai a rendu, sur cette question, en 1834, un arrêt affirmatif (1), et nous croyons qu'elle a bien jugé. On ne peut opposer à l'usufruitier que l'art. 599, qui lui refuse une indemnité pour les améliorations qu'il prétendrait avoir faites, en considérant, toutefois, les grosses réparations comme des améliorations. Mais, est-ce que ces deux mots sont synonymes? Evidemment, non. L'usufruitier n'a pas d'indemnité pour les améliorations, parce qu'il est supposé en avoir trouvé la compensation dans les avantages qu'il en a recueillis, et que le propriétaire ne peut être mis à la discrétion de l'usufruitier pour toutes les améliorations qu'il plaira de faire à celui-ci. Est-ce qu'il en est ainsi des grosses réparations? pas le moins du monde. Ce sont des charges extraordinaires sur la chose, pour lesquelles l'usufruitier subit une nécessité, il ne peut pas ne

(1) S D. 1835-2-29.

pas les faire, sans que la chose périsse, et sans qu'il perde par là son droit d'usufruit. Puisque ce sont des charges de la propriété, le propriétaire devra y contribuer avec lui, selon ce qui est dit à l'art. 609.

Mais, dit M. Coulon (1), comment refuser à l'usufruitier le droit de contraindre le propriétaire à faire les réparations, et lui accorder une action en remboursement à la fin de l'usufruit? Il y a là contradiction! le propriétaire est obligé, indirectement, à faire ce qu'on ne peut, directement, le forcer de faire!

L'objection n'est pas sans réplique. Il n'est pas toujours vrai de dire qu'on ne peut faire indirectement ce qu'on n'a pas le droit de faire directement. L'art. 1372 du Code civil nous en fournit un exemple, quand il déclare que celui qui gère volontairement l'affaire d'autrui, contracte l'engagement de continuer la gestion qu'il a commencée, et de l'achever jusqu'à ce que le propriétaire soit en état d'y pourvoir lui-même. Il n'avait pas le droit de s'immiscer dans l'affaire d'autrui; en le faisant, il s'est soumis à toutes les obligations qui résulteraient d'un mandat exprès que lui aurait donné le propriétaire.

Le propriétaire préférera n'être tenu qu'à la fin de l'usufruit du remboursement des dépenses, au lieu d'être obligé de les faire quand l'usufruitier les réclame; car elles seront moins onéreuses pour lui, surtout si l'usufruit a une longue durée.

____

(1) *Quest. de droit*, t. I, p. 267 et suiv.

L'équité, d'ailleurs, doit dominer ici comme partout : nul ne peut s'enrichir aux dépens d'autrui ; ce principe serait évidemment blessé, si le propriétaire profitait des dépenses que l'usufruitier aura été forcé de faire pour jouir de l'immeuble.

Aussi, nous empressons-nous d'apporter un tempérament à ce que la doctrine que nous suivons peut avoir d'absolu, en disant que le nu propriétaire ne devra d'indemnité que s'il est démontré que les grosses réparations faites par l'usufruitier lui ont profité. Ainsi, il s'agit d'une grange qui a besoin de réparations, et auprès de laquelle le nu propriétaire en possède une autre, sur un terrain non soumis à l'usufruit ; il est dans les vues du propriétaire de laisser périr la première, parce que la seconde est suffisante pour l'exploitation des deux fonds. Il ne peut empêcher l'usufruitier de la réparer ; mais l'usufruitier, ne réparant que dans son intérêt personnel, ne fera la dépense que pour son propre compte ; par conséquent, sa demande en recouvrement des impenses devra être écartée. Pour qu'il ait une action en répétition contre le propriétaire, il faudrait que l'acte fait par lui eût été utile à celui-ci : l'art. 1375, qui, en matière de gestion d'affaires, n'est applicable qu'à cette condition, le fait décider ainsi par l'analogie frappante qu'il présente avec cette question.

C'est aux magistrats qu'il appartiendra d'apprécier, d'après les circonstances, si l'usufruitier a agi dans l'intérêt du nu propriétaire.

Sur quel pied le remboursement aura-t-il lieu ?

L'usufruitier aura-t-il droit au remboursement intégral de tout ce qu'il a dépensé pour faire exécuter les grosses réparations, ou seulement au montant de la plus-value, résultat de ses travaux?

Proudhon (1) enseigne que l'usufruitier a droit au remboursement intégral de ses dépenses, lorsqu'à la fin de l'usufruit, les ouvrages qu'il a fait exécuter se trouvent être d'une valeur moindre que ce qu'ils ont coûté, parce que le propriétaire se trouve *hactenus locupletior quatenus propriæ pecuniæ pepercit.*

Cette opinion est trop absolue; elle ne tient pas compte du profit que l'usufruitier a retiré des grosses réparations qu'il a faites; car ç'est lui seul qui en a joui pendant la durée de son droit. Nous regardons comme plus juste de n'accorder à l'usufruitier que le remboursement de la valeur dont bénéficie le propriétaire; de sorte que, si une chose réparée par l'usufruitier a besoin de nouvelles réparations, à la fin de l'usufruit, le propriétaire ne lui devra aucune indemnité, parce qu'il ne profite en rien de la grosse réparation faite par l'usufruitier.

L'obligation d'entretenir s'applique autant aux biens ruraux et aux meubles qu'aux bâtiments et aux immeubles. Ainsi, si l'usufruit comprend des bois taillis, l'usufruitier est tenu d'observer l'ordre et la quotité des coupes, conformément à l'aménagement ou à l'usage constant des propriétaires. (Art. 590.)

De même, l'usufruitier d'un troupeau doit remplacer par de nouvelles têtes celles qui ont péri. Mais,

(1) T. IV, nº 1694.

à la différence de l'usufruit d'un immeuble, l'usufruitier d'un troupeau n'est obligé de l'entretenir que jusqu'à concurrence du profit qu'il en retire. C'est ce qu'il faut entendre par ces mots de l'art. 616 : « Si le troupeau ne périt pas entièrement, l'usufrui- « tier est tenu de remplacer, jusqu'à concurrence du « croît, les têtes des animaux qui ont péri. » Il profite de tout le croît qui excède le nombre de têtes nécessaires pour former le troupeau.

SECTION III.

DE L'OBLIGATION POUR L'USUFRUITIER DE PAYER SEUL TOUTES LES CHARGES DES FRUITS.

Art. 608 : « L'usufruitier est tenu, pendant sa « jouissance, de toutes les charges annuelles de l'hé- « ritage, telles que les contributions et autres qui, « dans l'usage, sont censées charges des fruits. »

L'usufruitier doit jouir en bon père de famille; or, il est du devoir d'un sage administrateur d'affecter une portion de son revenu aux charges annuelles et périodiques. Voilà pourquoi l'usufruitier est chargé des contributions, des frais de garde, du rétablissement des haies, du curage des fossés, des arrérages passifs de rente : recueillant seul tous les profits de la jouissance, il faut que, seul aussi, il en supporte les charges.

Cependant, l'usufruitier particulier n'est pas tenu des arrérages des rentes perpétuelles ou viagères, des intérêts des capitaux, parce qu'il est traité, ainsi que nous l'avons vu, comme le légataire particulier de la propriété, qui ne doit pas le capital des dettes aux dépens de sa propriété, tandis que ces charges doivent être acquittées par l'usufruitier universel, dans leur intégrité, et par l'usufruitier à titre universel, dans la proportion de sa jouissance. (Art. 610.)

SECTION IV.

DE L'OBLIGATION POUR L'USUFRUITIER DE CONTRIBUER AU PAIEMENT DES CHARGES EXTRAORDINAIRES.

Art. 609 : « A l'égard des charges qui peuvent être
« imposées sur la propriété pendant la durée de
« l'usufruit, l'usufruitier et le propriétaire y contri-
« buent ainsi qu'il suit :

« Le proprietaire est obligé de les payer, et l'usu-
« fruitier doit lui tenir compte des intérêts.

« Si elles sont avancées par l'usufruitier, il a la
« répétition du capital, à la fin de l'usufruit. »

Remarquons qu'il faut qu'il s'agisse de charges *imposées*, c'est-à-dire nécessaires, qui ne dépendent de la volonté ni du propriétaire ni de l'usufruitier, telles qu'un emprunt forcé, une subvention de guerre, une contribution d'argent imposée par une armée en cas d'invasion, une indemnité due en cas de desséchement de marais, ordonné par le gouvernement, d'ouvertures de routes, de canaux, etc...

Ces charges sont réelles et spéciales : elles doivent

être supportées aussi bien par l'usufruitier particulier que par l'usufruitier universel ou à titre universel.

On croit généralement que le mode de contribution, entre l'usufruitier et le propriétaire, doit être
réglé, quand il s'agit des charges de la propriété, de
la même manière que lorsqu'il s'agit des dettes de la
succession ; c'est-à-dire que, si le capital n'est avancé
ni par le nu propriétaire, ni par l'usufruitier, le nu
propriétaire doit avoir la faculté de vendre, jusqu'à
due concurrence, une partie du bien sujet à l'usufruit. Ce qui le fait décider ainsi, c'est que les charges
dont s'occupent les art. 609 et 612 pèsent sur l'en-
tière propriété, et que l'aliénation d'une partie du
bien qui y est affecté est le moyen le plus adéquat
pour y satisfaire, quand l'usufruitier ne veut pas faire
l'avance du capital (1).

Malgré la gravité de ces motifs, la rédaction même
des textes ne permet pas d'accepter cette théorie. En
effet, l'art. 609 dit seulement que le propriétaire *est
obligé de les payer*, tandis que l'art. 612 déclare for-
mellement que le propriétaire *a le choix, ou de payer
cette somme, ou de faire vendre, jusqu'à due concurrence, une portion des biens soumis à l'usufruit.*

Les auteurs du Code n'ont donc pas voulu accorder
au nu propriétaire qui doit contribuer aux charges
de la nue propriété, la faculté qu'il lui accorde
quand il contribue aux dettes de la succession avec

____

(1) Delvincourt, t. I, p. 150, note 6 ; Marcadé, art. 609, n° 1 ; Ducaur.,
Bon. et Roust., t. II, n° 207.

l'usufruitier universel ou à titre universel. Et cette différence de rédaction s'explique naturellement; car les charges imposées sur la propriété étant moins considérables que les dettes d'une succession, le propriétaire ne sera pas placé dans la même nécessité de vendre pour les acquitter.

Mais, objecte-t-on, est-ce qu'il ne pourra pas arriver que le propriétaire soit hors d'état de payer autrement la somme due? l'usufruitier pourrait-il empêcher la vente? Nous ne le pensons pas; la vente devra avoir lieu, puisqu'il n'y a pas d'autre ressource. Mais c'est là un remède extrême qu'il appartiendra aux magistrats d'ordonner, d'après les circonstances, si nul autre moyen d'éviter une aliénation ne peut être employé. Ce n'est que dans ce cas exceptionnel que l'art. 609 pourra être complété par l'art. 612.

Ainsi l'enseignent MM. Demante (1) et Demolombe (2). Nous croyons que c'est à la sage opinion de ces savants auteurs qu'il vaut mieux s'attacher.

On doit comprendre aussi les frais des procès parmi les charges extraordinaires qui peuvent être imposées sur l'héritage.

Ces procès peuvent être relatifs : 1° à la jouissance; 2° à la nue propriété; 3° à la pleine propriété.

1° L'usufruitier sera tenu des frais des procès qui ne concernent que la jouissance; tel est le cas où

(1) *Cours analyt.*, t. ii, n° 451 bis.
(2) T. x, n° 615.

l'adversaire, reconnaissant le droit du nu propriétaire, conteste seulement le droit de l'usufruitier.

Cette obligation est imposée, en ces termes, par
l'art. 613 :

« L'usufruitier n'est tenu que des frais des procès
« qui concernent la jouissance, et des autres con-
« damnations auxquelles ces procès pourraient don-
« ner lieu. »

2° Réciproquement, ils doivent être à la charge
du nu propriétaire, quand le procès ne concerne que
la nue propriété; comme si l'héritier du testateur,
reconnaissant le droit du légataire de l'usufruit, se
borne à contester le legs de la nue propriété.

3° Il s'agit d'une revendication de la chose, ou
d'une servitude prétendue sur le fonds, ou de toute
autre contestation dans laquelle la pleine propriété
est engagée. Comment l'usufruitier contribuera-t-il
aux frais?

Il faut distinguer si l'usufruit a été constitué à
titre onéreux ou à *titre gratuit*. Dans le premier cas,
le nu propriétaire serait seul tenu, parce qu'il est
obligé de garantir l'usufruitier, et les frais font partie
de la garantie, selon l'art. 1630.

Quand l'usufruit a été constitué à titre gratuit, il
n'y a pas lieu à garantie, cette obligation n'étant pas
imposée aux donateurs : l'usufruitier et le nu propriétaire devront contribuer aux frais du procès qui
concerne la pleine propriété.

CHAPITRE III

Des Obligations de l'usufruitier, à l'extinction de son droit.

L'usufruitier doit, à la fin de son usufruit, rendre compte, au nu propriétaire, de la chose dont il n'était que le détenteur temporaire.

Ainsi, la chose a-t-elle péri en totalité, sans la faute de l'usufruitier? son obligation est éteinte, faute d'objet : tel est l'exemple d'un usufruit établi sur un animal qui vient à périr sans la faute de l'usufruitier; celui-ci n'est pas tenu d'en rendre un autre, ni d'en payer l'estimation. (Art. 615.)

N'a-t-elle péri qu'en partie, par cas fortuit, par accident? il est complétement libéré, en la rendant dans l'état où elle est, à la fin de l'usufruit : ainsi, quand toutes les têtes qui composaient un troupeau, soumis à l'usufruit, ont péri, l'usufruitier n'est tenu, envers le propriétaire, que de lui rendre compte des cuirs ou de leur valeur.

Si la chose a péri ou a été détériorée par sa faute, il doit indemniser le propriétaire, du dommage qu'il lui a causé. Cela résulte de l'art. 1137 du Cod. Nap. :

« L'obligation de veiller à la conservation de la
« chose, soit que la convention n'ait pour objet que
« l'utilité de l'une des parties, soit qu'elle ait pour
« objet leur utilité commune, soumet celui qui en

« est chargé à y apporter tous les soins d'un bon père
« de famille ; »

Et de l'art. 1147, au même titre :

« Le débiteur est condamné, s'il y a lieu, au
« paiement de dommages et intérêts, soit à raison de
« l'inexécution de l'obligation, soit à raison du re-
« tard dans l'exécution, toutes les fois qu'il ne justi-
« fie pas que l'inexécution provient d'une cause
« étrangère qui ne peut lui être imputée, encore
« qu'il n'y ait aucune mauvaise foi de sa part. »

De quelles fautes l'usufruitier sera-t-il responsable ?

On distinguait autrefois trois sortes de fautes : la
faute grave (*lata*), la faute moyenne (*levis*), et la
faute légère (*levissima*). L'usufruitier sera-t-il tenu
des dommages résultant de toutes ces sortes de
fautes ?

On ne peut supposer que la loi moderne ait eu le
dessein de reproduire cette classification subtile des
fautes. Elle impose seulement à l'usufruitier l'obligation de *jouir en bon père de famille ;* il est clair
alors qu'il ne devra pas être tenu de ces fautes lé-
gères qui échappent à l'attention et à la prudence du
meilleur administrateur ; il ne sera responsable, vis-
à-vis du propriétaire, que des fautes commises par
l'absence de cette diligence que tout bon administrateur doit apporter à ses propres affaires. Et c'est
là un point qu'il appartiendra aux magistrats d'apprécier en fait, équitablement, selon le soin avec
lequel l'usufruitier gère sa propre fortune, selon les

relations qui existent entre les parties, selon que l'usufruit est à titre gratuit ou à titre onéreux, etc...

L'usufruitier ne peut, d'après l'art. 599, réclamer aucune indemnité pour les améliorations qu'il a faites.

Doit-on comprendre sous le nom *d'améliorations* les *constructions* faites par l'usufruitier sur le fonds dont il jouit? Le nu propriétaire pourra-t-il les retenir, à la fin de l'usufruit, sans accorder aucune indemnité à l'usufruitier?

La jurisprudence a distingué entre une *construction* et une *reconstruction* : elle refuse à l'usufruitier qui a fait une construction sur le fonds soumis à l'usufruit, le droit de réclamer une indemnité et même d'enlever les matériaux, tandis qu'elle autorise l'usufruitier qui a reconstruit un édifice détruit par cas fortuit à se faire rembourser du prix de la main d'œuvre et des matériaux, quand le nu propriétaire veut conserver les constructions. Nous ne pouvons accepter cette distinction : l'usufruitier pourra exiger une indemnité dans les deux cas. Il est vrai que, dans le droit romain, le propriétaire pouvait retenir la construction, sans être tenu d'aucune restitution envers l'usufruitier. En effet, la loi 15, *principio*, Dig. *de usufructu* est formelle à cet égard : « *Sed siquid inædificaverit, postea cum neque tollere hoc, neque refigere posse.* »

Mais, en droit nouveau, depuis que l'art. 555 est venu renverser la présomption romaine d'après laquelle celui qui faisait sciemment sur le fonds d'autrui des constructions ou des plantations, était réputé vouloir les donner au propriétaire, on ne peut plus admettre cette fiction à l'égard de l'usufruitier. La règle *donasse censetur* a été remplacée par cette autre : *personne ne peut injustement s'enricher aux dépens d'autrui.* Le nu propriétaire , s'il retient les constructions ou plantations faites sur le fonds soumis à l'usufruit, devra donc une indemnité à l'usufruitier.

Pothier (*de la Communauté,* n°ˢ 37 et 63) appliquait ce principe de toute justice, aux cas où l'usufruitier aurait construit un moulin ou fait des additions à des bâtiments, en lui reconnaissant le droit de les détacher du sol et d'en emporter les matériaux, à la fin de son usufruit.

L'art. 555 du Cod. civ. exige du propriétaire qui préfère conserver les constructions et plantations faites sur son terrain par un possesseur de mauvaise foi, le remboursement de la valeur des matériaux et du prix de la main d'œuvre, sans égard à la plus ou moins grande augmentation de valeur que le fonds a pu recevoir. Serait-il raisonnable de traiter l'usufruitier plus durement qu'un possesseur de mauvaise foi ? on ne peut lui reprocher que son imprudence d'avoir bâti ou planté sur un terrain qui ne lui appartenait pas. Ce n'est là une raison suffisante pour enrichir à ses dépens le propriétaire.

Que la suppression des plantations et constructions exigée par le propriétaire, soit faite aux frais de l'usufruitier, et sans indemnité pour lui, qu'il soit condamné à des dommages et intérêts, s'il y a lieu, pour le préjudice occasionné au propriétaire, qu'il soit, en un mot, traité comme un possesseur de mauvaise foi, et nous croyons que la punition sera encore plus que suffisante !

D'ailleurs, la première partie de l'art. 555 est générale ; elle comprend tous les tiers qui ont bâti ou planté sur le fonds d'autrui ; elle s'applique donc à l'usufruitier, comme à tout autre individu.

Vainement a-t-on voulu argumenter du silence de l'art. 599 : cet article, a-t-on dit, qui permet à l'usufruitier, dans son troisième alinéa, d'enlever les glaces, les tableaux, ne dit rien des constructions ; c'est qu'elles sont comprises, dans le second alinéa, sous le nom d'améliorations, pour lesquelles l'usufruitier ne peut réclamer aucune indemnité.

Quels ouvrages peut-on comprendre sous le nom d'améliorations? ce sont tous ceux qui rendent une chose *meilleure*. Puisqu'il s'agit ici de choses toutes nouvelles, il est impossible d'appliquer l'art. 599. C'était un jardin sujet à usufruit, dans lequel l'usufruitier a fait bâtir une maison. Dira-t-on que ce terrain a été amélioré? on dira qu'il a été *employé*. Autrement, on donnerait au mot *amélioré* un sens qu'il n'a pas dans notre langue, et il n'est pas présumable que les auteurs du Code aient voulu lui donner une nouvelle interprétation.

Ainsi, l'équité et les textes réclament en faveur de notre système, qui est celui de la majorité des auteurs et qui divise encore la jurisprudence.

QUESTIONS.

I.

L'obligation imposée à l'usufruitier par le titre constitutif de l'usufruit, de restituer en bon état, à son expiration, les immeubles dont il a la jouissance, le dispense-t-elle de faire dresser l'état prescrit par la loi?

Nous pensons qu'il peut néanmoins être exigé.

II.

L'usufruitier est-il obligé de faire l'avance des droits de mutation, dus à raison de la transmission de la nue propriété?

Nous ne le pensons pas.

III.

L'usufruitier peut-il s'affranchir de l'obligation de faire les réparations d'entretien, en renonçant à son droit d'usufruit?

Il s'affranchira ainsi des réparations pour l'avenir, mais non pour le passé.

IV.

Le nu propriétaire qui a fait faire de grosses réparations, peut-il demander à l'usufruitier l'intérêt des sommes qu'il y a employées?

Nous proposons la négative.

Vu :

BERTAUD.

Pour le Recteur absent,

L'Inspecteur de l'Académie,

VENDRYÈS.

JUS ROMANUM

USUFRUCTUARIUS QUEMADMODUM CAVEAT

(D. lib. VII, tit. ix, 1 et seq.—Cod. lib. III, tit. xxiii.)

Cui alicujus rei ususfructus legatus est, cavere debet se boni viri arbitratu usurum fruiturum, et, quum ususfructus desinet, quod inde exstabit restiturum. Quod æquissimum prætori visum est, ut is, ad quem ususfructus finitus redire debet, de jure suo securus sit, nec malitia aut inopia fructuarii in damno hæreat.

De hac cautione quæremus :

1° Quæ complectatur, quomodo exigatur ;

2° In quo usufructu locum habeat ;

3° A quo fructuario exigatur ;

4° Quibus sit exibenda ;

5° Quando non impleta stipulatio habeatur ;

6° Qualis actio ex illa descendat, et an aliis actionibus domino aversus usufructuarium consuli possit.

§ I.

Quæ cautio complectatur, quomodo exigatur.

Hæc cautio non est nuda promissio, sed fit cum satisdatione, ita ut proprietatis dominus de re sua securus sit.

Interponenda est, datis fidejussoribus, quibus nominatim caveri Paulus voluit.

Satisdatio a domino desiderata duas habet clausulas : unam de percepturo usufructu viri boni arbitratu, aliam de usufructu restituendo, et de malo absente abfuturoque cautioni, de restituendo satisfacere censetur fructuarius, si reddat quod tempore ususfructus finiti ex re fructuaria exstabit, si illa casu aliquo diminuta vel exstincta dicatur, vel sine dolo malo attrita sit.

Itaque, quia post longa tempora et finem vitæ longævi hominis dubium esse potest, quarum, qualium quantarumque rerum ususfructus datus esset, recte facturum heredem et legatarium censuit Ulpianus, si in testatum redegerint quales res sint, quum frui incipit legatarius, ut inde appareat an et quatenus rem pejorem legatarius fecerit. (L. 1, § 4, ff. h. t.)

Quandiu non satisdedit fructuarius se boni viri arbitratu usurum fruiturum, non ei datur actio ; cautione non prolata, rem ususfructus nomine tra-

ditam heres vindicare potest, quamvis nemo rem
suam, nisi furi condicere possit; hic autem ob sti-
pulationem ipsam locum habet condictio. (L. 7,
Ulp., lib. 79, *ad Edict.*)

§ II.

In quo usufructu cautioni locus sit.

Ad omnem usumfructum cautio pertinet, sive
mobilis rei sit, sive soli ; non refert quo titulo constitutus sit ususfructus, sive fideicommisso, sive mor-
tis causa donatione, sive ex testamento, sive volun-
tario contractu.

Nec pariter refert quo jure valeat : qui per tui-
tionem prætoris habet usumfructum, non secus ac
qui jure ipso fructuarius constitutus est, cavere co-
getur.

§ III.

A quo fructuario cautio exigatur.

Cavere tenetur quisquis ex usufructu commodum
sperat; si plures sint usufructuarii, singuli. Si fructuarius mox alteri usumfructum sibi legatum resti-
tuere rogatus sit, videndum est an legatario aliqua
durat spes ususfructus, possitque post mortem fideicommissarii ad eum, tunc adhuc superstitem, reci-
dere; quo casu, Ulpianus putavit rem ita expediri,
ut fideicommissarius legatario, legatarius heredi
caveat. Si solius fideicommissarii causa ususfructus

sit, neque legatario spes ulla recuperandi supersit, placuit fideicommissarium cavere recta via domino proprietatis. (L. 9, Ulp., 15, *ad Edict.*)

Qui pro parte rei dominus est, pro usufructu quem habet in altera parte tenetur ; atque rationem Paulus affert exemplo : « Si, inquit, servi qui nobis « communis erat, usumfructum tibi legavero, ne- « cessaria erit hæc cautio heredi meo. Quamvis « enim de proprietate possit communi dividundo ex- « periri ; tamen causa ususfructus qui tuus proprius « est, ad officium communi dividundo judicis, non « pertinebit. » (L. 10, Paul., lib. 40, *ad Edict,* h. t.)

Sunt autem casus, quibus remittitur cavendi necessitas : ita, non satisdat, cui ususfructus pure, proprietas ex die legata est, quia verum est ad eum vel heredem ejus proprietatem perventuram. Sed a cautione non liber erit, cui testator usumfructum pure, sub conditione proprietatem reliquit, quia dubium est, ob incertum conditionis eventum, an unquam proprietatis adepturus sit dominium. Exceptio vero locum habebit, si eventus natus erit. (L. 3, § 3, Ulp. h. t.)

Ad patrem fructuarium adventitiorum cautio non pertinet (l. 6, § 2, non autem, C. *de bon. quæ lib.*), neque ad fiscum, si jus concessum sit ususfructus, quia non solet fiscus satisdare. (L. 1, § 18, D. *ut legat. seu fideic. serv.*)

Denique cessat cautio, si proprietarius huic juri vel expresse, vel tacite renuntiaverit ; nam, ut ait Tryphoninus, licet sui juris persecutionem, aut spem

futuræ perceptionis, deteriorem constituere. (D. 1.
46, *de Pactis*, l. 71, ad *leg. Falcid.*)

§ IV.

Quibus exhibenda sit cautio.

Cavendum illi, ad quem, usufructu finito, rei proprietas reverti debet, aut saltem speratur reditura ;
ac si plures sint domini, unusquisque pro sua parte
stipulabitur. Ei a quo relictus est ususfructus exhi-
benda est, si proprietas ad ipsum pertinēat ; ad eum
non pertinente proprietate, dominium habenti cautio
exhibebitur. Ita ut, si tibi ususfructus, et mihi proprietas legata sit, mihi a te cavendum est ; ususfructus, cum interit, non revertitur ad heredem, sed
proprietati consolidatur ; nihil igitur attinebit hoc
casu heredi caveri.

Sin autem, usufructu tibi legato, proprietas mihi
ita legetur, ut cum ad te pertinere desierit, habeam
proprietatem, tunc heredi caveri oportebit a te, ab
herede autem mihi cautio tributa legatariis præsta-
bitur : ratio cur heredi cavere debeas, quia ille habet proprietatem dum pendat conditio legati mihi re-
licti, fierique potest ut non ad me, sed ad ipsum re-
vertatur ususfructus.(L. fin. ff. *si cui plus, quam per
leg. Falcid.*)

Sin autem mihi sub conditione legata sit proprietas, et heredi et mihi cavendum est ; si duobus con-
junctim legatus sit ususfructus, invicem sibi cavere
debebunt, quia, alterutro mortuo, pars ejus ad su—

perstitem jure accrescendi reversura est, et heredi, in casum quo ad socium ususfructus jure accrescendi non est transiturus. (L. 8, Paul.,lib. 75, h. t.)

§ V.

Quando stipulatio committatur.

Prior clausularum , nempe de percepturo usufructu boni arbitratu viri, violatur, quum usus contrarius est promissioni; et utilius visum est stipulatione de hoc caveri, ut si quis non viri boni arbitratu utatur , statim solvatur indemnitas de qua conventum erit, sine expectatione amissi ususfructus. Sequens, id est de restituro quod ususfructus exstans erit, quum res, non salva substantia restituitur, finito usufructu committitur, pœnaque datur finito usufructu, quoquo modo amittatur, etiam fructuarius non frui cœperit. (L. 3. Ulp., lib. 79, ad ed.)

Quidam tamen casus excipiendi sunt in quibus, quamvis non utendo amissus sit ususfructus, pœna stipulata non datur : ita, si fructuarius rei proprietatis adsecutus fuerit, poscenti pœnam opponi poterit exceptio. Similiter, si quis usumfructum alio legaverit, et sub conditione proprietatem, exstincto usufructu, committetur stipulatio, sed exceptio locum habebit. (L. 3, § 3, Ulp., lib. 79, ad ed.)

§ VI.

Quæ condemnationes ex stipulatione nascantur, et quæ aliæ actiones
domino adversus fructuarium competere possint.

De priori clausula, non solum condemnat fructuarium ut damnum quod dedit sarciat, sed etiam
præcipit judex quomodo in futurum uti debeat.

De altera, hoc venit in condemnationem, ut res
restituatur, si forte usucapionem interpellare, cum
potuerit, usufructuarius neglexisset.

Præter actionem quæ ex stipulatione descendit,
domino rei adversus fructuarium agere *lege Aquila*,
et interdicto *quod vi aut clam* Ulpianus tribuit in lege
13, § 2, ff. *de Usufructu et quemadmodum quis utatur fruatur*.

POSITIONES.

I.

Quid, si idoneos fidejussores invenire fructuarius nequeat ? Sufficitne cautio juratoria ?,

Distinguimus.

II.

Testatorne cautionem remittere legatario potest ?
Negamus.

III.

An immunis sit cautionis donator, qui proprietatem in donatarium transferens, sibi reservavit usumfructum ?

Immunem illum esse putamus.

Vidi :

A. BERTAULD.

Typis mandetur :
VENDRYÈS.

www.ingramcontent.com/pod-product-compliance
Ingram Content Group UK Ltd.
Pitfield, Milton Keynes, MK11 3LW, UK
UKHW021439090726
13657UKWH00003B/1148